コンビニから社会をさぐる❶

コンビニのデジタル化が止まらない！

すずき出版

はじめに

コンビニはこんなに
おもしろい!!

吉岡 秀子
（コンビニジャーナリスト）

　買い物はもちろん、宅配便を出したり、コピーをしたり。コンビニは、わたしたちが生活するうえで必要なサービスがそろう「べんりなお店」です。

　みなさんは、ふだんなにげなくコンビニを利用していませんか？でも注意して見ると、コンビニは社会の変化に応じてどんどん進化しています。

　本シリーズでは、そんな身近なコンビニを通じて、テクノロジーの進化と社会システムの変化を楽しく学び、「未来の社会」のあり方を考えます。

　さまざまな場面で活用されているデジタル技術や、SDGs達成のための取り組み、防災拠点としての社会的役割など、各巻のテーマにそったコンビニ各社の事例を紹介しながら、今日の社会課題を解決するためのヒントをさぐります。

　1巻では、デジタル化が進むコンビニの現状から、未来の暮らしや働き方を探究します。きっと新たな発見があり、近所のコンビニやふだんの暮らしがちがって見えてくることでしょう。

もくじ

はじめに　コンビニはこんなにおもしろい!!	2
キャラクター紹介	3
くらべてみよう！　コンビニエンスストアの昔と今 [ローソン]	4
たどってみよう！　社会の変化とコンビニの歴史	6

1章　デジタル化で人にやさしく！
9

① 無人決済　商品のスキャンから支払いまで自分ですませる	12
② アバター接客　離れた場所からアバターで利用者に対応	16
③ ドローン配送　無人の航空機を使って商品を届けるサービス	18
④ 7NOW＋配送ロボット　ロボットも活躍！コンビニの配送サービス	20
チャレンジ！　アバター店員さんに、セルフレジの使い方を教えてもらおう！	24

2章　デジタル化で効率アップ！
25

① ロボット　全自動で床清掃、店員の仕事をサポート	28
② 無人コンビニ　最新の技術で、店内に店員がいない無人店舗を実現	30
③ デジタルサイネージ　商品の情報はもちろん、地域のニュースも配信	34
④ AI活用　店員にかわって、商品を発注したり、値引き額を決めたりする	36
想像してみよう！　デジタル化が進んだコンビニの未来は？	38
さくいん	39

キャラクター紹介

コンビニ大好き!!

小学3年生です！

コンビニは毎日行くよ！

小学4年生です！

コンビニには発見がいっぱい！

吉岡先生

くらべてみよう！コンビニエンスストアの昔と今
[ローソン]

■ ローソン1号店「桜塚店」（大阪府豊中市南桜塚、1975年6月オープン）

昔

今のデパ地下のお店のように、量り売りをしていたんですね。

レジのとなりはショーケースみたい！

日本に「ローソン」が誕生したのは、1975年のこと。それから約50年が経過して、店内のようすもだいぶ変わりました。どんな変化をしているか、写真で見くらべてみましょう。

■ 現在のローソン（標準店舗の例）

近所のコンビニと同じだ！

たどってみよう！
社会の変化とコンビニの歴史

コンビニ年表

年代	1970年代	1980年代
社会の特徴	景気が上向き、人々の生活様式が変化。経済が成長していく時代だったため、仕事がふえていそがしい人が多くなった。そのため、よりかんたんに、そしてべんりに買い物したいと考える人も多くなった。	
コンビニの特徴	タイムコンビニエンス（「24時間営業している」という利用時間のべんりさ）いそがしい人がふえたことを受けて、これまでの店ではやっていなかった「24時間営業」「手軽に、すぐに食べられる食品の販売」を取り入れたことで、コンビニは社会に受け入れられていった。	
社会のできごと	1974年 大規模小売店舗法施行（店舗面積が一定の基準を超える出店をする場合は、周辺地域に悪影響が出ないようにすることを決めた法律） 1976年 大和運輸（現・ヤマト運輸）が宅急便サービスを開始	1986年 バブル景気 1986年 男女雇用機会均等法施行（職場などで性別によってことなるあつかいをすることを禁じる法律）
コンビニのできごと	1973年 ファミリーマート1号店開店 1974年 セブン-イレブン1号店開店（フランチャイズ形式による日本初のコンビニ） 1975年 セブン-イレブンが24時間営業を開始 1975年 ローソン1号店開店 1976年 セブン-イレブンが共同配送を開始 1978年 セブン-イレブンが「パリッコフィルム」のおにぎりを販売 1979年 セブン-イレブンがおでんの販売を開始 1979年 ローソンがフライヤーを導入	1980年 ローソンがオリジナル肉まんの販売を開始 1981年 ローソンが映画前売券の販売を開始 1982年 セブン-イレブンがPOSシステムの導入を開始 1986年 ローソンが「からあげクン」を発売 1987年 セブン-イレブンが一部の公共料金から収納代行サービスを開始

コンビニエンスストア（コンビニ）とは

売場面積30平方メートル以上、250平方メートル未満で、おもに飲料や食品を取りあつかう店舗です。日本では1970年代に登場しはじめました。そのころは大型スーパーや百貨店が多く、商店街などの個人店は苦戦していました。そこで大型スーパーなどとはちがう特徴をもつコンビニへと近代化をはかったのです。そしてコンビニは、同じ名前やマークを使い、たくさん店舗を運営するしくみである「フランチャイズシステム」によって、全国に急速に広がりました。

「コンビニエンスストア」は、「べんりなお店」という意味です。この本では「コンビニ」と略して呼ぶことにします。日本で最初のコンビニが登場して以来50年のあいだに、コンビニは日本全国に広がり、取りあつかう商品も変わりつづけています。社会の変化とコンビニの歴史は、大きくかかわっています。年表でたどってみましょう。

1990年代 / 2000年代

景気が悪くなり、人々のお金の使い方が変化。
好調だった経済が悪化して不況となり、よりよいものをできるだけ安く買いたいと考える人がふえた。そして、できるだけ価値のあるものにお金を使いたいと考えるようになった。

クオリティコンビニエンス（「高品質のよい商品」「多様なサービス」というべんりさ）
コンビニは、たんにべんりさを追求するだけの場所にとどまらず「街のインフラ（生活や産業の土台となる施設）」「災害時のライフライン」として、多くの利用者から支持を得るようになった。それにともなって、出店もふえた。

- 1991年
- 1995年 阪神淡路大震災発生
- 1996年 腸管出血性大腸菌O157感染症が流行
- 2000年 アマゾンドットコムが日本語サイトをオープン
- 2008年 リーマン・ショック（アメリカの証券会社の倒産をきっかけに世界経済が悪くなった事件）

- 1996年 セブン-イレブン、ファミリーマートがゲーム機・ソフトの販売を開始
- 1997年 ローソンが47都道府県に出店達成
- 1997年 ローソンが利用者にトイレを開放
- 1998年 ローソンがマルチメディア端末「Loppi」を全店に導入
- 1999年 ファミリーマートがATMサービスを開始
- 2003年 ローソンが全店に郵便ポストを設置
- 2006年 ファミリーマートが47都道府県に出店達成
- 2006年 ファミリーマートが「ファミチキ」を発売
- 2007年 セブン-イレブンが電子マネー「nanaco」のサービス開始
- 2007年 セブン-イレブンでグループ共通のプライベートブランド「セブンプレミアム」を発売
- 2009年 ローソンが「プレミアムロールケーキ」を発売

共同配送について

昔は、商品ごとに何台ものトラックで配送していましたが、1980年代に、いろいろな商品を倉庫に集め、そこから店舗ごとに商品をまとめて送る共同配送がはじまりました。店舗の受け入れも楽になり、トラック便がへって排気ガスもへりました。また、商品は冷凍・冷蔵・常温などの温度帯ごとに分けられ、品質が保たれるようになりました。

社会もコンビニも、50年のあいだに、いろいろあったんだね。

2010年代	2020年代

IT技術の発展などで人々の日常が変化。

多くの自然災害を経験し、エネルギーや地球環境を大切にしようという意識が、社会に広がっていった。それがSDGsへの関心につながった。IT技術の発展により、社会が劇的に変わった。

ライフコンビニエンス（地域の人々の暮らし「ライフ」を支えてくれるというべんりさ）

震災体験などにより、家族や仲間との「絆」の大切さや、地球環境の大切さが見直され、環境に配慮した商品・サービスが求められるようになった。そして、日本の少子高齢化による人手不足などへの対応や、人々の暮らしをよりべんりにするためにデジタル化が進んだ。

- 2011年 東日本大震災発生
- 2016年 熊本地震発生

- 2020年 新型コロナウイルス感染症が流行
- 2023年 新型コロナウイルス感染症が5類感染症へ移行
- 2024年 能登半島地震発生

- 2010年 ローソンがセルフレジを導入
- 2010年 ローソンのプライベートブランド「ローソンセレクト」を発売
- 2011年 セブン-イレブンが移動販売「セブンあんしんお届け便」を開始
- 2017年 セブン-イレブンがペットボトル回収機を設置
- 2018年 ローソンでスマホ決済サービスを開始
- 2019年 セブン-イレブンが47都道府県に出店達成
- 2019年 ファミリーマートが「ファミマこども食堂」を開始
- 2019年 ファミリーマートが決済機能つきアプリ「ファミペイ」を開始

- 2021年 ファミリーマートが無人決済店舗1号店開店
- 2021年 ファミリーマートが「ファミマフードドライブ」の本格展開を開始
- 2021年 ファミリーマートのプライベートブランド「ファミマル」を発売
- 2022年 ローソンが近未来型店舗「グリーンローソン」開店
- 2024年 セブン-イレブンが地域の木材を使用した次世代環境配慮型のコンビニ開店
- 2024年 ファミリーマートがデジタルサイネージを全国10,000店に設置完了

POSシステムについて

どの店舗でどんな商品がどれくらい売れているかを管理するコンピュータシステムです。これにより、店舗ごとに、商品の売れ行きがつかめるので、売れ残りや商品不足を起こさないように商品を仕入れることができます。

プライベートブランドについて

プライベートブランドとは、小売業者が、メーカーと協力して独自に作る商品です。POSシステムやカードデータなどでつかんだ情報を分析して、ヒットをねらえる商品を開発します。プライベートブランドは、菓子やカップ麺などいろいろな商品に広がっています。

デジタル化で人にやさしく！

コンピュータやインターネットなど、デジタルの技術が進歩して、わたしたちの生活は大きく変わってきました。デジタル化が進んだことで、人間がやってきた多くのことを、コンピュータがする時代になったのです。わたしたちが、パソコンでいろいろなことをかんたんに調べられるのも、スマホでかんたんに買い物ができるのも、デジタル化が進んだおかげです。電子レンジや全自動洗濯機などべんりな電化製品や、いろいろな分野で利用されているロボットにも、デジタル技術が使われています。コンビニでは、どんなデジタル技術が人を助けているのか見てみましょう。

どうして、デジタル化が人にやさしいの？

● 人手不足を解消

今は働く人の数がへっていて、人手不足が社会問題になっています。この問題の解決に役立つのが、レジに店員がいなくても支払いができる「無人決済（→12ページ）」です。

店員さんの仕事をかわりにやってくれるんだね。

● 店員の働き方を変える

「アバター」とは、バーチャル空間でユーザーのかわりとなるキャラクターやアイコンのこと。「アバター接客（→16ページ）」は、店員がアバターを操作して利用者と話すしくみです。遠くにいても操作できるので、出勤せずに自宅で働くことができます。つまり、障がいがあって外出しづらい人や子育て中の人、介護をしている人なども店員として働くことができるのです。

商品を届けてくれる

注文した商品を届ける「配送サービス（→20ページ）」は、店舗に行くのが難しいお年寄りや、赤ちゃんのいる家庭の人などにとって、とくにうれしいサービスです。また、離島など、配達が困難な場所に住んでいる人たちや、被災地などに商品を届ける「ドローン配送（→18ページ）」もはじまりました。

> 人間のかわりにロボットたちが働くようになるのも、デジタル化のおかげです。

知りたい！
デジタルって、どういうこと！?

デジタルって、何のことだかわかるかな。かんたんにいうと、情報を数値で表したり、処理したりするのがデジタルだよ。たとえば、デジタル時計は、時間を数値だけで表すので、8:01とか、9:20などで表示されるよ。「8時1分」の次は「8時2分」。これに対してアナログ時計は連続する針の動きで時間を表すんだ。デジタル時計は「1」の次は「2」で、そのあいだがないけれど、アナログ時計の場合は、長い針が「1」と「2」のあいだを連続して動くんだよ。

デジタル時計

アナログ時計

デジタル化というのは、情報をできるだけデジタルのデータに置きかえること。情報をデジタルで処理できることで、正確に記録することができ、同じ情報データを何度も利用したりできるんだ。コンピュータやスマホも、いろいろな情報を数値で処理しているよ。

コンビニでは、デジタル化を進めることで、さまざまなサービスの開発につなげて利用者に提供したり、これまで人間が行っていた作業をロボットに任せたりできるようになることで、働く人の負担をへらすことができるんだ。

> お客さんはデジタル化で、べんりなサービスやお得な情報を得られるってことですね。

1 無人決済
商品のスキャンから支払いまで自分ですませる

ふつう、コンビニで商品を買うときは、レジにいる店員に、商品についているバーコードをスキャンしてもらって、利用者は現金や電子マネー機能を備えた交通系ICカード、「〇〇ペイ」などの決済アプリ、クレジットカードなどで支払います。最近のコンビニでは、買う商品を利用者自身でスキャンして、支払いまでをすませる「セルフレジ」を設置している店舗もふえてきています。

セルフレジのしくみ

セルフレジって人にやさしいの？

何でかなあ

セルフレジでは、専用の機械を使って利用者が自分で商品のバーコードをスキャンします。なかには、商品を入れたカゴを所定の場所に置くだけで、代金を計算する機械もあります。利用者は、画面に表示された支払い金額を投入口に入れて完了です。

また、「キャッシュレス決済」といって、現金を使わずにカードやスマホで支払いをすることもできます。店舗にとっても、レジ対応しなくてよいので、店員の仕事の負担がへり、さらに通常のレジよりもスペースがせまくてすむので、その分、より多くの商品を置くことができます。

何台もセルフレジがあれば、待ち時間が少なくなりますね。それに、店員さんとのやりとりがないから、どんな商品を買っているのか知られずにすみ、プライバシーの保護にもつながります。

1章 デジタル化で人にやさしく！

セルフレジを使ってみよう

1 入店して商品を選ぶ。

2 レジ備えつけのスキャナー部分に商品のバーコードをかざしたり、ハンドスキャナーでバーコードを一品ずつ読み取り、マイバッグに入れる。

3 画面の「購入する」をタップして、支払い方法を選ぶ。レジ袋を購入するか、しないか確認するレジもある。

4 支払いをすませて、商品をもち帰る。

うまくできた！

あらかじめお金をチャージしてある交通系ICカード（電子マネー）を使っても払えるから、小学生でも使えますね。

キャッシュレス決済

　カードやスマホをタッチして支払いをする方法です。スマホにアプリを登録していれば、スマホのキャッシュレス決済として使えます。また、スマホがなくても、交通系ICカードや共通ポイントカードなどには電子マネー機能を備えたものもあり、それで支払いができます。

◎「Suica」「PASMO」「ICOCA」など（交通系ICカード）
　電車やバスで利用できるICカードを使って買い物ができます。カードにあらかじめお金（電子マネー）をチャージしておいて、そこから支払います。スマホのアプリで使えるものもあります。

お金以外の払い方って、こんなにいろいろあるのね！

◎クレジットカード

クレジットカードを専用の機械にさしこんで支払います。タッチ決済（非接触IC）マークがついたクレジットカードは、タッチするだけで支払いができます。10,000円以上支払うときには、暗証番号を入力しなければなりません。

◎「QUICPay」「Apple Pay」「iD」など

スマホやカードにクレジットカードの情報を登録しておくと、自動的にクレジットカードから支払われます。

◎ポイントサービスなど

「nanacoポイント」（セブン-イレブン）、「Ponta・dポイント」（ローソン）、Vポイント（ファミリーマート）など、電子マネーとして支払いに使えるポイントサービスもあります。専用のカードやスマホアプリなどを使って、ポイントをためたり、使ったりできます。ポイントの種類によって使える店舗がちがうので注意しましょう。

セルフレジでは、使いたい決済方法を選んで使います。

◎コード決済（おもに「〇〇Pay」）

スマホの画面に表示されるQRコードやバーコードをかざして支払う方法。コード決済をするためには、決済アプリをダウンロードして、使用者情報を登録しておきます。登録した銀行口座やクレジットカードから支払われます。あらかじめアプリに電子マネーをチャージしておいて、そこから支払う方法もあります。

コンビニ独自の〇〇Pay

最近では、いろいろな〇〇Payがあり、コンビニが提供している〇〇Payもあります。ファミリーマートが提供しているのが「ファミペイ」です。ファミペイアプリのホーム画面にあるバーコードを店員に提示するだけで決済できます。

1章 デジタル化で人にやさしく！

スマホレジはレジに並ばなくてもOK！

　各コンビニの専用アプリのスマホレジを使うと、自分のスマホで商品のバーコードを読み取るだけで買い物ができます。セルフレジなどに並んで商品のバーコードをスキャンする必要もなく、自分のペースで買い物ができます（スマホレジに対応した店舗でのみ利用できます）。

ローソンのスマホレジの画面

セブン-イレブンのスマホレジの画面

セルフレジよりかんたんです。店員さんにもお客さんにもやさしい支払い方法です。

■スマホレジの使い方

1 入店する
スマホのアプリを開いて、店に入り、自動で「入店」になるのを確認する。または、店内のQRコードをスキャンする。

レジに寄らないままお店を出るなんてドキドキ！

2 商品を選ぶ
店内でほしい商品を選ぶ。

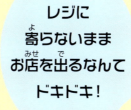

3 商品のバーコードを読み取る
商品のバーコードをスマホで読み取る。

4 決済する
すべての商品を読み取ったら、「この商品を購入する」をタップして、決済する。

5 退店する
支払いが完了したらそのままお店を出る。

かんたんだった！

2 離れた場所からアバターで利用者に対応

アバター接客

　一部のコンビニでは、モニターに映し出された、イラストやキャラクターなどの「アバター」が、利用者の買い物をサポートする「アバター接客」がはじまっています。その店舗にはいない店員が、アバターを通して商品の説明をしたり、セルフレジの使い方を教えたりするのです。利用者はアバターと会話することができ、質問に答えてもらうことができます。どのようなしくみなのでしょうか。

アバター接客のしくみ

① アバターを操作しているのは人間

　アバターを操作しているのは人間です。操作している人（アバター店員）の前には、アバターとインターネットでつながったパソコンがあります。そのパソコンを通じて、店内や利用者のようすを見たり、会話したりすることができるのです。

② 離れたところから操作できる

　アバター店員は、遠く離れたところにいてもアバターを操作することができます。ほかの場所にいる人が操作することもできるし、自宅から操作することもできるのです。

アバターって、よく聞くけどなに？

アバターとは、自分の分身として表示させるキャラクターのこと。もともとはインターネットやゲームなどで、自分の身がわりとして会話したり、行動したりするものだったんですよ。

1章　デジタル化で人にやさしく！

 アバター接客

ローソンでは16店舗（東京、千葉、神奈川、埼玉、大阪、福岡）にアバター接客を導入しています（2024年10月現在）。アバター接客によって、時間や場所、年齢、性別、身体的理由などに制約されずにいろいろな働き方ができるようになります。また、いくつもの店舗のアバターを同時に操作することで、人手不足の解消も期待されるなど、多くの人が働きやすくなる環境をつくり出しています。

2022年11月に、東京にオープンした「グリーンローソン」で活躍しているアバターは「そらと」さんと「あおい」さんの2名です。

24ページのアバター接客体験レポートを読んでみてね。

 アバター接客のよいところ、今後の可能性

◎どこにいてもアバターを操作できるので、障がいがある人や、介護などの家庭の事情で自宅を留守にできない人でも、アバター店員として働くことができます。

◎ひとりでいくつものアバターを操作することができるので、人手不足の解消が期待されています。

すごいなぁ

北海道のアバター店員さんが、九州のお店で接客することもできるんだね！

◎商品の専門的な知識をもった人などがアバター店員になって、細かい説明をしたり、外国語のできる人がアバター店員になって外国人の利用者の対応をすることもできます。

◎将来的には、「AI（→27ページ）」が自動的にアバターを操作することも可能です。また、人間とAIがその場に応じてきりかわって対応することもできるでしょう。操作しているアバター店員が席を外すあいだは、AIがかわってアバターを操作できるようになれば、働き方の幅も広がるでしょう。

3 ドローン配送
無人の航空機を使って商品を届けるサービス

「ドローン」がどんなものか知っていますか？ ドローンは、人が乗ることを目的としない航空機の一種で、リモコンやコンピュータでの操縦が可能です。ドローンにはカメラやセンサーがついていて、障害物をさけて飛行することができます。コンビニではこのドローンを使って、利用者が買った商品を届ける「ドローン配送」が実現されつつあります。

ドローン配送はどんなことに役立つのかな

① 買い物に出かけるのが大変な人に商品を届ける

離島や山間部など、近くに店舗がないところに住む人は、買い物に出かけるのが大変です。また、車やバイクで届けることが難しい地域に荷物を運ぶのは時間がかかります。そういう地域に荷物を運ぶときにドローンを活用できたら、運ぶ人も受け取る人もとても助かります。

ドローンって弱そうだけど、1回にどれだけの荷物を運べるのかな？

セブン-イレブンとANAが行ったドローン配送実験では、箱をふくむ重さで、約5キログラムまで運べたんですよ！ すごいですね。

② 人手不足の解消が期待されるエコな輸送

今はインターネットで商品を注文する人がふえて、配送業者は大いそがしです。荷物を運ぶための自動車やバイクもたくさん必要で、道路の渋滞にもつながっています。ドローンは人間が操縦しますが、人間が移動する必要がないので、短時間で輸送することができます。また、トラックなどによる配送にくらべて人間の労力をへらすことができ、人手不足の解消につながると期待されています。さらに、ドローンはバッテリーで動くのでCO_2などを排出しないエコな輸送システムです。

1章　デジタル化で人にやさしく！

❸ 被災地に必要なものを届ける

べんりなだけじゃなく、人にやさしい活用もあるんだね！

災害があったときには、道路が使えなくなってしまって、ものが届けられなくなることがあります。そういった、配送が困難なときにもドローンなら空を飛んで、被災地に必要なものを届けることができます。

♥ ドローン配送

セブン‐イレブンは、2020年から買い物にふべんな離島や山間部へのドローン配送の実験をはじめています。

商品がかたむかないようにして運べるので、ホットコーヒーやおでんもOKなんですよ！

■ ドローン配送で荷物が届くまで

① 利用者が商品を注文する

※以下の写真は同じ実験を撮影したものではありません。

② コンビニで商品をドローンに積みこむ　　③ ドローンが出発

④ ドローンが到着

ドローンが到着すると、荷物を支えている装置が自動的に解放されて、商品が地上におろされる。

⑤ 利用者が受け取る

19

4 7NOW＋配送ロボット
ロボットも活躍！コンビニの配送サービス

　コンビニでは、商品を配送するサービスがはじまっています。食品だけでなく、日用品などコンビニで取りあつかっている商品のほとんどが届くので、お年寄りや赤ちゃんがいる家庭や、買い物に出かけるのが難しい人たちにとって、とてもやさしいサービスです。さまざまなコンビニで配送サービスを行っていますが、ここではセブン-イレブンのネットコンビニ「7NOW」の配送サービスを見てみましょう。

 **指定したところに商品がすぐ届く、7NOWのしくみ**

① 7NOWでできること

　インターネットで買い物ができるネットショッピングは、多くの人が利用したことのある買い物方法でしょう。店舗に行かなくても、パソコンやスマホで注文すれば、1〜2日で指定したところに買った商品が届きます。場合によっては、その日のうちに届くこともあります。
　7NOWは、そのネットショッピングをコンビニに応用したものだといえます。たとえばコンビニで、昼ごはんとして食べたいお弁当を買うと、それがすぐに届くことが特徴です。
　7NOWは、あらかじめ近くの店舗を登録しておくことで、注文してから最短20分で商品が届くサービスです。

出かけられないときに助かるね！

　希望の商品の在庫があるかどうか確認したうえで、注文が確定するしくみです。だから、もし選んだ商品がお店になかった場合は、「注文内容を見直してください」という表示が出るのですぐに選び直せます。

1章　デジタル化で人にやさしく！

② 7NOWを使ってみよう

① 利用者はスマホアプリで商品を選ぶ。自宅や会社などの配送先を指定して注文する。

② 登録された店舗で注文が確認できしだい、店員が注文の商品をピックアップ。

③ 配送パートナーが指定された配送先に向かう。

④ 配送パートナーが到着し、注文の商品を利用者に直接手渡す。

へぇー
いそがしい人にも、やさしいサービスだね！

離れた場所で暮らすおじいちゃん、おばあちゃんのかわりに注文して、配送してもらうこともできるんですよ。

7NOWのロボット配送

　ビルの中にあるコンビニから、同じビル内の会社などに、配送ロボットが商品を届ける実験が行われました。ロボットには、ビルの中の地図をおぼえさせているので、商品を積んだロボットは、指定されたところに迷わずに向かうことができるのです。

１ 注文から、商品が届くまで

① 7NOWを使って商品を注文する。
注文した人のスマホに暗証番号が通知される。

② 同じビル内の
コンビニ店舗で、
ロボットに商品を積む。

7NOWの使い方は、かわらないんだね。だったら、注文はかんたんだね。

ビル内にあるお店で、注文した商品を店員さんが集めてくれるんだね。

③ ロボットが
ビルの中を移動。

④ ロボットが到着。
暗証番号を入力して、商品を受け取る。

この実験では、ビルの管理会社さんや、エレベーター会社さんなども協力してくれています。

1章 デジタル化で人にやさしく！

② 自律走行型配送ロボット「RICE」

7NOWは、買い物に行けない人にとって、とてもやさしいサービスですが、人が届けるという仕事が発生してしまいます。その7NOWと、ロボット配送を組み合わせることで、働く人にもやさしいしくみになります。

セブン-イレブンでは、この実験で「RICE」という自律走行型配送ロボットを使っています。

RICEでーす

エレベーターの乗り降りも全自動。

ロボットかわいい！

★ ビルの中だけではなく、ロボット配送は街中でも！！ ★

ビルの中で、エレベーターにもひとりで乗って、商品を届ける「RICE」もすごいけれど、街の中を走って指定されたところまで配送するロボットの実験もはじまっているよ。

日本はお年寄りだけで暮らしている世帯がふえているから、ロボットが重い商品やもちきれない商品を家まで運ぶサービスは、すごく助かるよね。

セブン-イレブンの配送ロボット

ウーバーイーツジャパンの配送ロボット

デジタル化で効率アップ！

コンピュータやインターネットなどのデジタル技術は、どんどん進化しています。高度な処理機能をもつコンピュータに任せられる作業がふえ、あっという間につながり、通信速度の速いインターネットのおかげもあって、なにかを調べたり、情報を共有することがスピーディーになりました。最近ではAI（人工知能）が注目されていますね。多くの分野でAIを搭載したロボットの開発も行われています。コンビニは、さまざまなサービスを効率よく、安定して提供するために新しいデジタルの技術を積極的に取り入れています。どのようなデジタル技術があるのか、見ていきましょう。

● 店員のいないコンビニを営業する（無人コンビニ）

店内に店員がいなくても営業している「無人コンビニ（→30ページ）」が出てきました。無人コンビニは、「無人決済」を行うほか、天井に設置されたカメラや陳列棚の重量センサーなどを使って、どんな利用者がどんな商品をいつ買ったのか情報を集め、AIで分析をしています。

何で情報を集めているの？

集めた情報をもとに、新商品や新しいサービスの開発に役立てているのです。

● 店員の仕事をサポートする

利用者が買いたい商品を、いつでも不足なく店頭に並べておくことはとても大変です。どんな商品をどれだけ並べておいたらいいのか相談に乗るのが「人型AIアシスタント（→37ページ）」です。また、「陳列ロボット（→29ページ）」は、商品を店頭に並べる手伝いをします。重い商品を運んだりする仕事がへって、働きやすくなります。

必要な情報を伝える

「デジタルサイネージ(→34ページ)」は、大きさや設置位置などをよく考えていて、来店した利用者が自然に目を向けるようにくふうしています。そこに商品やサービスの情報を表示することで、情報提供などに役立っています。情報内容をかんたんに変えることができるので、地域の人たちに大切な情報を伝える目的で使用したり、利用者が楽しめる動画を流したりと、さまざまな目的に活用しています。

> 大きな画面はとても、見やすいね。

> たとえば、レジについているサイネージでは、キャンペーン情報を提供して、商品の陳列棚の上に設置したサイネージでは、セットで買うとお得になる商品の情報を提供するなどの使い分けもできますね。

AIって、どんなことができるの!?

AI (Artificial Intelligence)とは、人工的につくり出した知能のことで、コンピュータに人間と同じように、考えさせたり学ばせたりする技術のことだよ。

現在、AIは病気の診断や車の自動運転などで、とても役立っているよね。AIを活用した電化製品は、みなさんの身のまわりにもあるんじゃないかな。たとえば、障害物を自動でさけて掃除してくれる掃除ロボットをはじめ、快適な温度に室内を自動的に調整するエアコン、水温やお米の種類などに合わせておいしいごはんを炊く炊飯器など、どれも周囲の状況や与えられた条件に合わせて作動しているんだ。

AIの特徴は、たくさんの情報を学習してどんどん賢くなっていくこと。みなさんは、学校のテストでまちがったところを復習することで、正しい知識がふえていくよね。AIも同じ。たくさん学習して、どんどん賢くなっていくよ。これを機械学習といい、進化していけば、将来さらに広い分野でAIが活躍することになるよ。

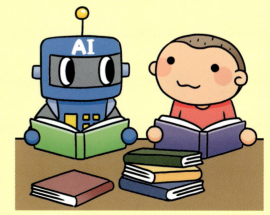

1 ロボット
全自動で床清掃、店員の仕事をサポート

コンビニで活躍するロボットが年々ふえています。なかでも、店内を動きまわり、床を清掃するロボットがいろいろな店舗で活躍しています。

 多機能型床清掃ロボット「ポム」

> すごい！商品を宣伝しながら掃除してくれるんだ。働きものだね。

ファミリーマートでは、床清掃をする機能のほかに、小型モニターや陳列スペースがあるロボットが使われています（2024年9月現在、約300店舗）。

◎店内を動きまわって床清掃をするロボット。これまでは1日3回、それぞれ約1時間かけて店員が行ってきた床清掃を、毎日設定した時間に、すべて全自動でロボットが行います。だから店員は、その時間に別の作業をすることができます。

◎センサーで感知するので、店内に利用者がいたり、床に置かれた障害物があったりしても、ぶつかってストップしてしまうことはありません。また、作業中は注意をうながすために、「作業中です。ご注意ください」と音声メッセージを流します。

◎ロボットには、おすすめの商品やキャンペーン情報を映し出すことができる小型モニターがついており、商品を並べるスペースも用意されています。つまり、店内を清掃しながら商品を宣伝、売りまわることもできるのです。これらは、利用者に商品へ興味をもってもらうためのくふうのひとつです。

■ディスプレイ
このディスプレイで、商品を宣伝する。

■真ん中の棚
イチオシの商品などをのせて、利用者にアピール。動きがゆっくりなので、利用者は気になる商品を手に取ることもできる。

■底面
床に接した部分で清掃をしている。

2章 デジタル化で効率アップ！

店長にかわって、店員に業務の指示を行うことも!!

　今、日本では多くの会社などで、人手不足が深刻な問題になっています。コンビニも働く人が足りなくて、店員の負担がふえることが心配されています。
　多機能なロボットを活用することは、人手不足を解消するうえでとても有効な対策だといえます。
　また、店員のかわりにロボットが働くだけでなく、離れた場所からロボットを操作するなどして、店舗にいなくてもコンビニでの仕事ができるように、ロボットを活用するしくみの開発も進められています。
　ファミリーマートでは、多機能型床清掃ロボットに搭載されたAIとカメラの機能を活用して、店長が離れた場所から、店内の商品陳列のようすを確認し、商品の補充を店員に指示したりできるようにする技術の開発を進めています。

未来には、ロボット店長が誕生するかもしれないね。

★ 商品を自動的に並べる「陳列ロボット」も登場 ★

　コンビニの店内にはたくさんの商品があるよね。いつでも商品をしっかり並べておくためには、店員が倉庫と陳列棚を何度も往復し補充しなければならないから大変。それで最近、ペットボトルなどの飲み物を自動的に並べる「陳列ロボット」が登場したんだ。冷蔵庫内の商品の売れ行きをAIが管理して、最適なタイミングで陳列・補充するんだ。デジタル化が進んで、もっといろいろなサポートをするロボットが、コンビニの店内で活躍するようになれば、店員も助かるし、利用者もいっそう快適に買い物ができるかもしれないね。

コンビニで活躍するロボットがふえれば、店員さんの負担もへり、仕事はいっそう効率化されますね。

2 無人コンビニ
最新の技術で、店内に店員がいない無人店舗を実現

　無人決済(→12ページ)で、店員がいなくても、利用者が自分で支払いをすますことができるセルフレジのしくみを見ましたね。最近では多くのコンビニでセルフレジが使われています。今はまだ、セルフレジがあっても店員が店内にいる店舗がほとんどですが、店員がいない「無人コンビニ」がはじまっています。

無人コンビニのかたちはいろいろ

　無人コンビニとは、店員と接することがなくても買い物ができるコンビニのことです。この無人コンビニにはいくつかのタイプがあって、大きく次の3つがあげられます。

◎**無人販売機型**

　何台もの自動販売機があって、店員がいないコンビニです。自動販売機でジュースを買うような感じで、買い物ができます。

◎**セルフレジ型**

　利用者は商品を選び、会計の際には、セルフレジを使って自分で商品のバーコードを読み取り、電子マネーなどで支払いをすますことができるコンビニです。

◎**ウォークスルー型**

　ウォークスルーとは、歩いて通りぬけることです。ウォークスルー型の無人コンビニとは、利用者が商品を手に取って、そのまま出口を通りぬけるだけで支払いもおわってしまうという無人コンビニです。

セルフレジ型やウォークスルー型の無人コンビニは、なにかあったときのために、また商品の補充などのために、店員さんが事務所にいる場合が多いですね。

2章 デジタル化で効率アップ！

無人決済型コンビニ

ファミリーマートでは、無人決済のしくみを活用して、2021年3月から、無人決済型コンビニを営業しています。

ほんとうに、お店の中に店員さんがいないね！無人コンビニって、全国にたくさんあるのかな？

①入口から入店する

入口ゲートに設置されたカメラなどによって、利用者が店内に入ったことがわかります。

②商品を選んでレジへ

利用者は商品を選び、手にもつか、自分のカバンに入れるなどします。店内にはたくさんのカメラがあり、また、陳列棚には常に重さを量っている重量センサーなどがあり、どの利用者が、どの商品を何個取ったのかがわかります。

楽しみですね

ファミリーマートでは、駅や市役所、高校、大学、オフィスビルなどに無人コンビニの出店を進めています。みんなの家の近くにできたら、ぜひ体験してみてくださいね。

31

③決済する

レジの前に立つと、その利用者が手にした商品の情報にもとづいて、画面に自動的に合計金額が表示されます。バーコード決済、交通系ICカードの電子マネー、クレジットカード、現金などで支払いが可能です。

商品のバーコードをスキャンする必要はないんですよ。

④出口のドアが開いて退店

決済がすむと、出口のドアが自動で開いてお店から出られます。

天井にカメラがたくさんあるね!!

わぁっ

すごくかんたんだね。支払いがすんでいないのに、出ちゃう心配はないの？

カメラやセンサー、AIを活用して管理することで、支払いがすまないと出口のドアはあかないしくみになっています。だから、支払いをせずに商品をもって外に出ることはできないのです。

2章 デジタル化で効率アップ！

ウォークスルー型コンビニ

ウォークスルー型の無人コンビニでは、レジで決済する必要もありません。

利用者はあらかじめ専用のアプリをスマホに入れておきます。そして、そのアプリに決済の方法などを登録しておきます。

入店時に、スマホを使って入店用のQRコードを読み取ると、ドアが開き入店できます。店内でどの商品を手に取ったかは、カメラやセンサーなどで確認されます。出口のゲートを出るときに、その利用者がなにを選んで、支払額がいくらになるかをAIが計算して、スマホアプリに登録されている決済方法で自動的に決済されます。

つまり、利用者は、入店用のQRコードを読み取るだけで、あとは商品を手に取って、店を出るだけで買い物がすんでしまうのです。

> ローソンでは、ウォークスルー型の無人コンビニを期間限定で出店しています。

手ぶらで買い物ができる「顔認証システム」

レジのカメラに顔を映すだけで、スマホやカードを出さなくても、買い物ができてしまう方法も研究が進んでいて、一部の店舗で実験がはじまっているよ。いわゆる「顔パス」だね。利用者の目や鼻、口などの顔の特徴を見分ける「顔認証システム」を使った方法なんだ。店員の目で見分けるわけではなく、AIが人の顔を見分けるんだ。事前に顔写真とクレジットカード情報を結びつけて登録しておくことで、自動的に会計ができるんだよ。究極に効率がいい買い物方法といえるかもしれないね。

> 駅の改札などでも、顔認証を導入しようとしています。これからどんどん広がっていくかもしれませんね。

顔認証システムの海外の例

デジタルサイネージ
3 商品の情報はもちろん、地域のニュースも配信

デジタルサイネージとは、ディスプレイなどを使って情報を伝えるシステムのことです。「電子看板」や「電子掲示板」とも呼ばれています。看板や紙のポスターなどとちがって、動画を流すことができ、利用者の関心をひきやすいのが特長です。また、いつでもかんたんに最新情報にすることができるのもべんりな点です。コンビニでは、どのように利用されているのでしょうか。

知ってる！
レジに並ぶときに
よく見るよ。

コンビニで表示されるのはどんな情報？

レジカウンターの上部などにデジタルサイネージを設置して、利用者が店内に入ってきたとき、あるいはレジ待ちをしているあいだに見られるように、いろいろな動画を配信しています。新商品やサービスなどの広告のほか、ニュースやクイズ、ミュージックビデオなど、利用者に楽しんでもらえるような動画も配信しています。また、コンビニの近くに住んでいる人たちにとって役に立つ情報や、地域のニュースも発信しています。

レジに並んでいるあいだも
見られるから、たいくつしないね。

2章 デジタル化で効率アップ!

大型の画面でさまざまなコンテンツを配信

　ファミリーマートでは、全国47都道府県、合計10,000店にデジタルサイネージ「FamilyMart Vision」を設置しています（2024年12月現在）。2023年度は約1,000種類のコンテンツを配信しました。

　「FamilyMartVision」は、42〜49インチのスクリーンを3連結したスーパーワイドディスプレイを設置し、大きな画面に音声とともに映像が映し出されます。全国共通の動画だけでなく、細かくエリアを限定した動画も配信し、地域をしぼって、店の近くに住む利用者に向けた情報を発信できるようにもなりました。

たとえば、こんな使い方　熱中症情報を発信!!

　ファミリーマートと大阪府は、地域のいろいろな問題を解決するために協力し合うことを決めているよ（包括連携協定→第3巻）。2023年7月に、ファミリーマートと大阪府、大塚製薬の協力で熱中症対策の動画を制作したんだ。そして、大阪府内の約400店でその動画を配信したよ。翌年には、30都府県に規模を拡大させて、都府県ごとの動画を制作。約8,800店のデジタルサイネージで配信したんだ。地域ごとに適した情報を発信できるこのシステムは、さらなる有効活用が期待されているよ。

4 AI活用
店員にかわって、商品を発注したり、値引き額を決めたりする

　コンビニを営業するためには、いろいろな種類の仕事に、おおぜいの人がかかわる必要があります。店員であれば、接客の仕事以外にも、店舗にどんな商品を、何個ぐらいそろえておくのか考えて商品を発注したり、利用者により多く商品を買ってもらえるように、陳列のくふうをしたりします。そのほか商品を店舗に届ける配送の仕事や、新商品の開発、宣伝の仕事などもあります。

　最近では、AIを活用して働く人の負担を軽くする取り組みがはじまっています。たとえば、品切れは起こさず、売れ残って廃棄する商品が出ないような発注数の管理をAIに任せたり、倉庫から店舗までの配送ルートをAIに決めさせることで効率化をはかるなどしています。

AIを活用した仕事サポートのしくみ

> AIって、いろんなことができるんだね。

　ローソンでは、AIを活用して、働く人の負担をへらす取り組みを進めています。これまで人が時間をかけて行っていた仕事を、AIならすばやく正確に行うことができます。

- **AI発注システム**
  これまでの販売実績データなどを参考に、AIが分析し、最適な商品の発注を行うことができる。

- **商品の値引き額を決める**
  販売実績や在庫のデータなどを分析して、AIが値引き額を決める。

- **配送ルートの最適化**
  倉庫から各店舗まで効率よく配送するためのルートをAIが作成する。

- **利用者に合わせたレシート広告**
  購入履歴がある利用者に対して、その人が興味をもちそうなレシート広告を発行する。

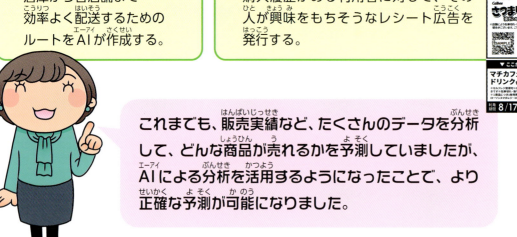

> これまでも、販売実績など、たくさんのデータを分析して、どんな商品が売れるかを予測していましたが、AIによる分析を活用するようになったことで、より正確な予測が可能になりました。

2章 デジタル化で効率アップ！

いそがしい店長の仕事をAIがサポート

　ファミリーマートでは、人型AIアシスタント（名称：レイチェル/アキラ）を使って、各店舗での店長の仕事をサポートする取り組みをしています。
　この人型AIアシスタントは、生成AIを搭載していて、各店舗の営業状況や店長の性格などもふまえたコミュニケーションをとることができます。

　各店舗の売上の状況や、来店者数などの情報を確認し、それらのデータを分析して、どんな商品を発注すべきかのアドバイスをします。
　これまでは、店長へのアドバイスなどは、スーパーバイザーと呼ばれるファミリーマート本部の社員が各店舗をまわって行っていましたが、その仕事の一部を人型AIアシスタントに任せられるので、店長だけでなく、スーパーバイザーの仕事をへらすことにもつながっています。

> タブレット端末で利用できるので、お店にもち出して活用することもできます。店長さんの仕事の効率化がはかれます。

おぼえておいてね！

生成AIとは 大量のデータを学習して、新しい文章や画像などを生み出せる（生成できる）AIのことです。

37

想像してみよう！デジタル化が進んだコンビニの未来は？

社会で活用されるデジタル技術は、その多くがコンビニでも活用されています。顔認証でさいふなしで買い物ができたり、ロボットが荷物を届けてくれたり。今後もデジタル化は進み、新しいなにかが生まれ、わたしたちは、いち早くそれをコンビニで体験できることでしょう。

コンビニはまだまだ進化していきます。どんなステキな未来が待っているか、ちょっと想像してみましょう。

1 顔認証システムが普及して、買い物がよりスムーズになる

あらかじめ登録をしておくことで、あっという間に買い物終了！

入店や決済に顔認証システムを活用することで、スマホやさいふをもたずに買い物できるコンビニがふえてくるでしょう。レジの操作も、スマホの操作も必要ありません。

2 商品やサービスが、より個人に合わせたものになる

おにぎりを取り出した利用者が、好みそうなドリンクをサイネージで「オススメ!!」

AIサイネージがひとりひとりの利用者の好みに合わせて、買いたくなるような商品やサービスを提案してくれるようになるでしょう。

3 さらにロボットが活用され、働く人の仕事内容が変わる

ドローンや自走ロボットが活躍して、人間は重労働から解放され、ちがう仕事に注力できるようになるかも。

将来は、いろいろなロボットが、もっと幅広く活用され、働く人たちの仕事内容を変えるでしょう。

さくいん

あ
アバター	10,16,17,24
アプリ	8,13,14,15,33
インターネット	10,16,18,20,26
ウォークスルー型	30,33
AI	17,26,27,29,32,33,36,37
AIサイネージ	38

か
顔認証システム	33,38
カメラ	18,26,29,31,32,33
キャッシュレス決済	12,13
QRコード	14,15,33
共通ポイントカード	13
クレジットカード	12,14,32,33
決済アプリ	12,14
交通系ICカード	12,13,32
コード決済	14

さ
自律走行型配送ロボット	23
重量センサー	26,31
スマホ	8,10,11,12,13,14,15,20,22,33,38
スマホアプリ	14,21,33
スマホ決済	8
スマホレジ	15

セルフレジ	8,12,13,14,15,16,24,30
センサー	18,28,32,33

た
多機能型床清掃ロボット	28,29
チャージ	13,14
陳列ロボット	26,29
デジタル	10,11,26
デジタル技術	10,26,38
デジタルサイネージ	8,27,34,35
電子看板	34
電子掲示板	34
電子マネー	7,12,13,14,30,32
ドローン	11,18,19,38

な
ネットショッピング	20

は
バーコード	12,13,14,15,30,32
バーコード決済	32
配送	7,11,18,19,20,21,23,36
人型AIアシスタント	26,37

ま
無人販売機型	30
無人決済	8,10,12,26,30,31
無人コンビニ	26,30,31,33

ら
レシート広告	36

コンビニと社会のことを
たくさん知ることが
できましたね。
2巻でまた会いましょう！

またねー！

★ 監修

吉岡 秀子（よしおか ひでこ）

コンビニジャーナリスト。関西大学社会学部卒。2000 年ごろからコンビ
ニエンスストアに関する取材をはじめ、以後、コンビニの商品・サービス
開発の舞台裏や各チェーンの進化を消費者視点で研究している。最近は、
コンビニの動向から現代社会の課題を見出すことをテーマに教壇に立つな
ど、幅広く活動中。『セブン - イレブンは日本をどう変えたのか』（双葉社）、
『コンビニ　おいしい進化史』（平凡社）など、著書多数。

★ 協力・写真提供

株式会社セブン - イレブン・ジャパン
株式会社ファミリーマート
株式会社ローソン

★ コンビニ各社提供以外の写真

P21 左上：アフロ
P23 右下：AP/ アフロ
P33 右下・P38 右上：ZUMA Press/amanaimages

★ スタッフ

装丁	RiAD DESIGN
本文デザイン・DTP	有限会社オズプランニング（澤田京子）
イラスト	赤澤英子
写真撮影	伊井龍生
撮影モデル	田中鈴夏
編集協力	有限会社オズプランニング

コンビニから社会をさぐる
① コンビニのデジタル化が止まらない！

2024 年 12 月 24 日　初版第 1 刷発行

監　修	吉岡 秀子	
発行者	西村保彦	
発行所	鈴木出版株式会社	
	〒 101-0051　東京都千代田区神田神保町 2-3-1 岩波書店アネックスビル 5F	
	電話／ 03-6272-8001　FAX ／ 03-6272-8016	
	振替／ 00110-0-34090	
	ホームページ　https://suzuki-syuppan.com/	
印　刷	株式会社ウイル・コーポレーション	

©Suzuki Publishing Co.,Ltd. 2024
ISBN 978-4-7902-3433-3 C8030

Published by Suzuki Publishing Co.,Ltd.
Printed in Japan
NDC360 ／ 39p ／ 30.3×21.6cm
乱丁・落丁本は送料小社負担でお取り替えいたします